Núcleo de Catequese Paulinas

A celebração dominical
O sentido do rito

Dados Internacionais de Catalogação na Publicação (CIP)
(Câmara Brasileira do Livro, SP, Brasil)

A Celebração dominical : O sentido do rito / Núcleo de Catequese Paulinas.
– São Paulo : Paulinas, 2014. – (Coleção viver a fé)

ISBN 978-85-356-3805-9

1. Celebrações litúrgicas   2. Domingo   3. Igreja Católica - Liturgia
4. Palavra de Deus (Teologia)   I. Núcleo de Catequese Paulinas.   II. Série.

14-08265   CDD-263.3

Índice para catálogo sistemático:
1. Domingo : Celebração litúrgica : Cristianismo   263.3

1ª edição – 2014
1ª reimpressão – 2018

Direção-geral:	Bernadete Boff
Editores responsáveis:	Vera Ivanise Bombonatto e Antonio Francisco Lelo
Copidesque:	Mônica Elaine G. S. da Costa
Coordenação de revisão:	Marina Mendonça
Revisão:	Ana Cecilia Mari
Gerente de produção:	Felício Calegaro Neto
Projeto gráfico:	Manuel Rebelato Miramontes
Ilustrações:	Sérgio A. Ceron
Elaboração do texto:	Antonio Francisco Lelo

Nenhuma parte desta obra poderá ser reproduzida ou transmitida
por qualquer forma e/ou quaisquer meios (eletrônico ou mecânico,
incluindo fotocópia e gravação) ou arquivada em qualquer sistema ou
banco de dados sem permissão escrita da Editora. Direitos reservados.

Paulinas
Rua Dona Inácia Uchoa, 62
04110-020 – São Paulo – SP (Brasil)
Tel.: (11) 2125-3500
http://www.paulinas.com.br – editora@paulinas.com.br
Telemarketing e SAC: 0800-7010081
© Pia Sociedade Filhas de São Paulo – São Paulo, 2014

Introdução

Seguramente, buscar as razões que sustentam a nossa fé tornou-se um grande desafio em nosso tempo marcado pela crise de sentidos. Se antigamente ir à missa aos domingos e em dias santos era uma obrigação de preceito, hoje, na maioria dos católicos esta percepção deixou de existir, ainda que tal obrigação permaneça. Por outro lado, sentimos vivamente a necessidade de redescobrir nossa identidade cristã para alimentá-la e fortalecê-la no horizonte que nos cerca, permeado de muitas crenças e ofertas religiosas.

Além do preceito, celebrar a Eucaristia implica o contínuo exercício de discernir, à luz do mistério pascal, entre a fidelidade no seguimento de Cristo e as escolhas que fazemos em nossa vida, as quais irão, de fato, construir nossa identidade cristã.

Este livro apresenta a estrutura das partes da missa com o objetivo de unir o significado do gesto ritual àqueles da prática da vida cristã.

Portanto, todo o tempo que dedicamos para aprofundar nossa prática eucarística de amor para com Deus e com o próximo não será em vão, porque, diante da grandeza do mistério de gratuidade do amor de Deus, nossa resposta sempre será minguada e desafiada a crescer com a força deste sacramento de caridade.

A última ceia pascal celebrada por Jesus constitui o ápice de sua vida. Jesus nos deixa o sacramento do seu sacrifício na cruz. Sacrifício que resume sua prática como Caminho, Verdade e Vida; pois, ao chamar os discípulos para segui-lo, propôs-lhes valores e atitudes bem diferentes daqueles da sociedade e da religião do seu tempo.

A Eucaristia também é o ápice dos sacramentos da Igreja. Os sinais transformam-se naquilo que significam e todo o universo anseia o mesmo destino daquele pão e daquele vinho: ser cristificado. Por isso, nos aproximamos da mesa da comunhão e recebemos o sacramento da Eucaristia para sermos transformados no que recebemos.

No primeiro dia da semana

Corremos atrás de tantas coisas: pagamos contas, vamos à escola ou ao trabalho, precisamos de médicos e dentistas... Então chega o domingo, um dia bem diferente, e tudo se torna mais interessante: ficamos juntos em família, passeamos na cidade ou no shopping, comemos com calma. E, para nós que somos cristãos e temos fé, fazemos o ato mais importante da semana: vamos à missa. Tomamos a decisão e priorizamos a celebração litúrgica na comunidade. Que desafio! Quantos afazeres e compromissos importantes foram deixados para trás.

Os primeiros cristãos eram fiéis em reunir-se no primeiro dia da semana. Jesus ressuscitou neste dia (Lc 24,1; Mt 28,1), como também apareceu aos apóstolos exatamente neste dia (Jo 20,1.19.26; At 20,7); por isso que recebeu o nome de Domingo, que deriva da palavra latina *Dominus*, que quer dizer "Senhor". Portanto, este é o dia do Senhor (At 2,20). Desde então, os cristãos fazem memória do Senhor neste primeiro dia, que lhe foi consagrado. Ao entender isso, o povo diz: "domingo sem missa não é domingo".

Se o domingo é o dia da Ressurreição, ele não se reduz à recordação de um acontecimento passado: é a celebração da presença viva do Ressuscitado no meio de nós. É a Páscoa semanal, que faz memória da presença do Senhor na comunidade.

No início do século IV, quando o culto cristão era ainda proibido pelas autoridades imperiais, alguns cristãos em Abitena, na Tunísia, que se sentiam obrigados a celebrar o dia do Senhor, desafiaram tal proibição. Presos sob a acusação de reunião ilícita, eles compareceram diante do procônsul, que os censurou por terem violado os editos imperiais e celebrado a Eucaristia na casa de um deles. Saturnino lhe respondeu:

– Devemos celebrar o dia do Senhor; é uma lei nossa.

Chegou a vez de Emérito.

– Houve assembleias proibidas em tua casa? – perguntou-lhe o procônsul.

– Sim, nós celebramos o dia do Senhor.

– Por que lhes permitiste entrar?

– São meus irmãos; eu não podia proibi-los.

– Devias fazê-lo.

– Eu não podia fazê-lo; não podia viver sem celebrar a refeição do Senhor.

Foram martirizados enquanto declaravam que não lhes era possível viver sem a Eucaristia, alimento do Senhor: "Sem o domingo, não podemos viver".

A comunidade se reúne

No domingo, os cristãos se reúnem em comunidade. *A comunidade dos batizados constitui o povo de Deus*, que não é uma multidão anônima, sem rumo nem destino, mas é o povo salvo pelo sangue de Jesus Cristo.

Na comunidade, *este povo se reúne como assembleia celebrante*, por isso nos cumprimentamos, cantamos e respondemos com firmeza as aclamações. Também tornamos visível a *primeira manifestação da presença do Senhor*: "Onde dois ou três estiverem reunidos em meu nome, ali estou eu no meio deles" (Mt 18,20). Cristo está presente entre nós para nos fazer entrar em comunhão com ele.

A comunidade é o povo que crê que o Pai nos criou e nos colocou neste mundo e, apesar da maldade de nosso pecado, enviou o seu Filho Jesus para nos salvar. Jesus morreu na cruz, mas o Pai o ressuscitou, resgatando-o do mal e da morte. Pelo Batismo, participamos da sua morte e ressurreição e nos tornamos uma coisa só com ele, isto é, somos incorporados em Cristo. O seu corpo é a Igreja, *que ele ama, cuida e alimenta*.

A Igreja-corpo de Cristo é visível nas comunidades de cristãos *que se reúnem nos quatro cantos da Terra*. A comunidade reza numa só fé e se ajuda num só coração. O Espírito Santo fortalece a comunidade e a coloca em união com a Páscoa do Senhor para, de fato, *formar o único corpo de Cristo*.

Cada vez que vamos à missa, Jesus mesmo nos convida e nos congrega como irmãos, filhos do mesmo e único Pai; dessa forma, constituímos a assembleia santa do povo de Deus reunida na fé do Senhor, pois somos membros do corpo de Cristo. A assembleia se reúne na nave do edifício da Igreja. Este é o lugar onde nos percebemos parte do maravilhoso corpo de Cristo.

"É urgente uma revitalização da comunidade paroquial para que nela resplandeça, cada vez mais, a comunidade acolhedora, samaritana, orante e eucarística. A participação na Eucaristia não se reduz ao fato de todos cantarem e rezarem juntos. É preciso formar o Corpo Místico de Cristo, no qual todos se integram como membros que vivem na unidade."[1]

Partes da missa

"A missa consta, por assim dizer, de duas partes, a saber, a liturgia da Palavra e a liturgia eucarística, tão intimamente unidas entre si que constituem um só ato de culto. De fato, na missa se prepara tanto a mesa da Palavra de Deus como a do corpo de Cristo, para ensinar e alimentar os fiéis. Há também alguns ritos que abrem e encerram a celebração."[2]

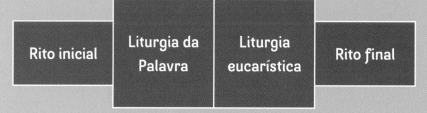

Desde o rito inicial, a Igreja aparece visivelmente nas suas características essenciais: povo convocado por Deus no Espírito Santo, sob a presidência do ministro ordenado, reunido em torno das duas mesas – a da Palavra, em que se proclama a ação salvífica de Deus, e a da Eucaristia, em que se realiza o memorial do mistério pascal de Cristo.

Rito inicial

- Procissão de entrada
- Saudação ao altar e ao povo
- Ato penitencial
- Glória a Deus nas alturas
- Oração do dia (coleta)

Ao iniciar a missa, identificamos a presença do Ressuscitado no ministro que o visibiliza como cabeça daquela comunidade. Aquele que preside a Eucaristia tem o ministério de fazer-se ver Cristo Jesus, que é o autêntico presidente, mestre e sacerdote da comunidade. Ele atua na pessoa de Cristo, pois, na Igreja, Cristo batiza, lê as Escrituras e concede a graça do sacramento.

A comunidade toda – povo e ministro ordenado – celebra a Eucaristia, cada um na sua função específica que lhe foi conferida pelos sacramentos: Batismo, Crisma e Ordem.

A *procissão de entrada* revela a condição da inteira comunidade que, guiada pela cruz e pela Palavra do Salvador, caminha em direção ao centro da celebração, isto é, o altar.

Na missa, além dessa procissão, temos a *do Evangelho, a procissão das ofertas e a da comunhão*. Somos o povo de Deus em busca da terra prometida. Somos Igreja peregrina neste mundo a caminho da casa do Pai. Nosso destino é a Jerusalém celeste. Caminhamos em nosso dia a dia com a convicção de que o Senhor nos precede, nos guarda e nos conduz como Bom Pastor.

Quem preside, beija o altar e invoca a Santíssima Trindade com o objetivo de colocar-nos em comunhão com a Trindade. Toda a liturgia é ação trinitária de salvação.

> **PRESIDENTE:** *A graça de nosso Senhor Jesus Cristo, o amor do Pai e a comunhão do Espírito Santo estejam convosco.*
>
> **TODOS:** *Bendito seja Deus que nos reuniu no amor de Cristo.*

Reconhecemo-nos pecadores e necessitados da misericórdia divina, por isso repetimos três vezes: "Senhor, tende piedade de nós", ou rezamos: "Confesso a Deus todo-poderoso e a vós, irmãos e irmãs, que pequei muitas vezes...". É o chamado *ato penitencial*.

Em seguida cantamos o *Glória*, que é um hino antiquíssimo e venerável, pelo qual a Igreja, congregada no Espírito Santo, glorifica e suplica a Deus e ao Cordeiro.

O sacerdote conclui com a *oração de coleta*, pela qual recolhe as intenções dos fiéis e as apresenta ao Pai.

Estes *ritos iniciais da missa* têm como objetivo "fazer com que os fiéis, reunindo-se em assembleia, constituam uma comunhão e se disponham a ouvir atentamente a Palavra de Deus e celebrar dignamente a Eucaristia".[3]

Liturgia da Palavra

- 1ª leitura do Antigo Testamento
- Salmo responsorial
- 2ª leitura do Novo Testamento
- Aclamação ao Evangelho
- Proclamação do Evangelho
- Homilia
- Profissão de fé
- Oração universal

A liturgia da Palavra deve, pela distribuição das partes a diferentes pessoas e a toda a assembleia, deixar transparecer que Deus está dialogando com seu povo. Para participar de uma conversa, é preciso saber falar e saber ouvir. Na missa, Deus nos fala e nós ouvimos; nós falamos e o Senhor nos escuta. A liturgia da Palavra é diálogo no qual o ser humano descobre que é importante para Deus, já que é a ele a quem Deus fala. E quando a gente dialoga com Deus, a vida não continua do mesmo jeito.

Constantemente devemos nos perguntar: o que Deus está me dizendo através dos acontecimentos do mundo e daquilo que se passa a minha volta? Que tempo tenho dedicado para ouvir a Palavra do Senhor?

A Palavra de Deus nos ensina a viver da maneira que o agrada. Somente seus ensinamentos podem julgar nosso coração. Diante da Palavra, nossos atos e intenções se revelam bons ou maus. A Palavra instiga nossa conversão ao Reino, para que tenhamos sentimentos retos, agradáveis ao Pai, e deixemos de lado os caprichos, o orgulho e as necessidades passageiras.

O ambão, lugar onde se proclama a Palavra, é diferente da estante simples, em que o comentarista atua. Um só é o ambão, pois uma só é a Palavra. Igualmente, lugar sagrado, não deve ser usado para avisos ou outros interesses, e, sim, apenas para as leituras e a proclamação do Evangelho e, também, a homilia.

A liturgia da Palavra dominical consta de uma *primeira leitura* extraída do Antigo Testamento. Estas leituras foram selecionadas em relação ao Evangelho que será proclamado logo em seguida para evidenciar a unidade de ambos os Testamentos.

O *Salmo responsorial* (de resposta) é a voz da Igreja que suplica, agradece e louva, porque tudo que ela recebe vem do Senhor. O Salmo prolonga a primeira leitura em tom contemplativo e orante e como resposta de fé.

A *segunda leitura*, do Novo Testamento, segue uma carta ou escrito, de maneira semicontínua, por isso os temas não precisam necessariamente coincidir com os do Evangelho.

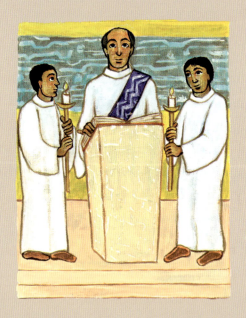

    O *Evangelho* anuncia a realização em Cristo daquilo que foi, de alguma forma, vivido pelo povo de Deus e proclamado na primeira leitura. O Evangelho é o cume da revelação.

    Diz-nos Santo Agostinho: "A boca de Cristo é o Evangelho. Está sentado no céu, mas não deixa de falar na terra". Por isso, a proclamação do Evangelho reveste-se de muitos gestos: colocamo-nos de pé, em posição de alerta, de ressuscitados e de respeito; há o canto de aclamação; a saudação do ministro; o sinal da cruz; o ministro beija o lecionário ou o evangeliário. Recomenda-se que o texto seja cantado.

PRESIDENTE: *O Senhor esteja convosco!*

TODOS: *Ele está no meio de nós.*

PRESIDENTE: *Proclamação do Evangelho de Jesus Cristo, segundo N.*

TODOS: *Glória a vós, Senhor.*
(Todos fazem o sinal da cruz na fronte, na boca e no peito.)

A *homilia* é o discernimento da vida da comunidade à luz da Palavra. Para que a Palavra de Deus realmente produza nos corações aquilo que se transmite, requer-se a ação do Espírito Santo, por cuja inspiração e ajuda a Palavra de Deus se converte no fundamento da ação litúrgica e em norma e ajuda de toda a vida.

Na sinagoga de Nazaré, Jesus tomou nas mãos o rolo e proclamou a profecia de Isaías: "O Espírito do Senhor está sobre mim, pois ele me ungiu para anunciar a Boa-Nova aos pobres: enviou-me para proclamar a libertação aos presos". Depois enrolou o livro, deu-o ao servente e concluiu: "Hoje se cumpriu esta passagem da Escritura que acabastes de ouvir" (Lc 4,18.21). Com a mesma eficácia, a Palavra de Deus realiza, hoje, aquilo que anuncia como conversão, graça e salvação no coração daqueles que se reúnem no nome do Senhor.

A proclamação da Palavra faz o povo sentir-se, hoje, continuador da história da salvação e como antepassado na fé de Abraão, Isaac, Jacó e Moisés. O que estes anunciaram se realizou na pessoa de Jesus Cristo. Somos servidores da Palavra. Queremos fazer tudo o que o Senhor nos disser.

A comunidade, então, *professa sua fé* e eleva seus pedidos ao Senhor (*oração universal*) como resposta e adesão à Palavra recebida. Abrimos nossa lista de preces pelo bem da Igreja, do mundo e de nossas próprias necessidades.

Dupla mesa

Na Palavra proclamada: Cristo é a Palavra definitiva do Pai à humanidade; Cristo apresenta-se a nós primeiro como Palavra salvadora, antes de dar-se a nós como alimento eucarístico. É a "dupla mesa" à qual o Senhor ressuscitado nos convida. "Lembrem-se os fiéis de que a presença de Cristo é uma só, tanto na Palavra de Deus, 'pois quando se lê na Igreja a Sagrada Escritura, é ele quem fala' (e Cristo anuncia o Evangelho), como especialmente sob as espécies eucarísticas."[4]

A mesa eucarística é um banquete e supõe o comportamento próprio de quem faz uma refeição; é também o altar do sacrifício, onde Cristo se oferece ao Pai pela salvação da humanidade. O sentido sacrificial do altar se complementa com o da mesa, na qual os convivas se encontram como irmãos, estabelecem diálogo e procuram se respeitar em condições de igualdade. "O altar [...] é também a mesa do Senhor, na qual o povo de Deus é convidado a participar por meio da missa."[5]

Liturgia eucarística

Em nossa linguagem corrente permanece o belo costume de dizer em todo momento: "graças a Deus", revelando a consciência de que tudo vem dele e volta para ele, como princípio e fim de nossa existência e de toda a criação. Somos dependentes da graça e da misericórdia de Deus. E as boas obras que realizamos somente acontecem porque ele as possibilita.

Jesus é o orante do Pai. Estava sempre em união com ele e manifestava sua ação de graças porque reconhecia sua ação criadora, gratuita e misericordiosa em favor da humanidade.

Jesus, seguindo a tradição do Antigo Testamento, proferiu as tradicionais bênçãos a Deus com sentido de agradecimento, especialmente sobre os alimentos. Os quatro verbos repetidos por Jesus durante a multiplicação dos pães (Mt 14,19), na última ceia (Lc 22,19; Mt 26,27) e no episódio de Emaús (Lc 24,30) mostram como ele dava graças e, por isso, se tornou o esquema que segue a liturgia eucarística.[6]

- Rito das ofertas – **Ele *tomou* o pão... o cálice**
- Oração Eucarística – ***Deu* graças**
- Rito da comunhão – ***Partiu* o pão**
- Procissão da comunhão – **E o *deu***

Rito das ofertas

Na preparação das oferendas são trazidos na procissão pão e vinho, bem como alimentos e dinheiro para as necessidades dos pobres e da comunidade.

Em toda celebração eucarística, *a obra da criação*, representada pelo trigo e a uva, se faz presente, sendo assumida por Cristo para ser transformada pelo *trabalho humano* (através do pão e do vinho) e apresentada ao Pai.

> **PRESIDENTE:** *Bendito sejais, Senhor, Deus do universo, pelo pão que recebemos de vossa bondade, fruto da terra e do trabalho humano, que agora vos apresentamos e que para nós se vai tornar pão da vida.*
>
> **TODOS:** *Bendito seja Deus para sempre!*

Ao apresentar o fruto da terra resultante também do esforço humano, levamos ao altar todo o sofrimento e tribulação do mundo, na certeza de que tudo é precioso aos olhos de Deus.

O pão e o vinho são sinais sacramentais do sacrifício de Jesus na cruz, isto é, do seu corpo e do seu sangue. Pelo Batismo, fomos incorporados em Cristo. Cristo nos associa na sua oferenda ao Pai. Por isso, ao começar a liturgia eucarística, a assembleia se coloca de pé e é convidada a se unir ao sacrifício de Cristo:

> **PRESIDENTE:** *Orai, irmãos e irmãs, para que o nosso sacrifício seja aceito por Deus Pai todo-poderoso.*
>
> **TODOS:** *Receba o Senhor por tuas mãos este sacrifício, para glória do seu nome, para nosso bem e de toda a santa Igreja.*

Oração eucarística

Quando os evangelistas descrevem os gestos da última Ceia, recordam que Jesus "tomou o pão e deu graças" (*eucharistesas*). Este nome passou a designar o memorial do Senhor logo no primeiro século cristão. *Deu graças* é o significado da palavra "Eucaristia".

A oração eucarística tem o sentido de bênção e de ação de graças ao Pai pela maravilha de sua criação e, principalmente, por tê-la levado à perfeição com a *redenção de Cristo* e pela *santificação com que seu Espírito nos conduz de volta a ele*.[7]

Por isso, as orações da missa são dirigidas *ao Pai* porque realizou a sua obra de salvação *por meio de seu Filho Jesus* e, hoje, ao fazermos memória deste sacrifício, somos salvos *pela força do Espírito Santo*.

Partes da Oração eucarística

- Prefácio
- Aclamação: santo, santo, santo...
- 1ª invocação do Espírito Santo
- Narrativa da instituição da Eucaristia
- 2ª invocação do Espírito Santo
- Anamnese
- Intercessões
- Doxologia final (glorificação)

O *prefácio* inicia a oração ao apresentar o acontecimento de salvação comemorado naquela celebração.

> **PRESIDENTE:** *Demos graças ao Senhor, nosso Deus.*
>
> **TODOS:** *É nosso dever e nossa salvação.*
>
> **PRESIDENTE:** *Na verdade, é justo e necessário, é nosso dever e salvação dar-vos graças, sempre e em todo lugar.*

Esta oração nos educa para o louvor e o reconhecimento da gratuidade do Pai, que nos criou e nos cumulou de tantos dons: a vida, a natureza, os rios, o mar. Todo bem e toda fartura vêm do Pai, é dom de sua Providência que nos cuida e protege. Amou-nos tanto que nos enviou o seu Filho único para nos salvar. O mal é fruto do pecado, não é de sua vontade.

A atitude de agradecer em todas as circunstâncias supera nossa autossuficiência e nos devolve o sentido de comunidade e de necessidade do outro. Antes de qualquer coisa, a postura que cabe ao cristão é a que São Paulo nos ensina: "Em tudo dai graças" (1Ts 5,18).

A aclamação do *Santo* conclui o prefácio. Toda a assembleia louva o Senhor Deus, retomando aquelas palavras que, conforme o profeta Isaías, foram pronunciadas pelos serafins diante do trono da majestade divina (Is 6,1-3). Já a segunda parte do *Santo* utiliza a mesma aclamação do povo diante de Jesus, quando de sua última entrada em Jerusalém no "dia de Ramos".

Nesta aclamação, a Igreja, unindo sua voz à dos anjos, convoca toda a natureza para louvar o Pai. "Senhor Deus do universo. O céu e a terra proclamam a vossa glória: Hosana nas alturas! Bendito o que vem em nome do Senhor."

Quem preside invoca o Espírito Santo para transformar o pão e o vinho no corpo e no sangue de Cristo. Por isso, impõe as mãos sobre o pão e o vinho.

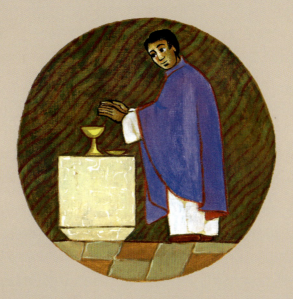

> **PRESIDENTE:** *Santificai, pois, estas oferendas, derramando sobre elas o Espírito, a fim de que se tornem para nós o corpo e o sangue de Jesus Cristo, vosso Filho e Senhor nosso.*
>
> **TODOS:** *Santificai nossa oferenda, ó Senhor!*

Segue a *narrativa da instituição da Eucaristia*, quando pelas palavras e ações de Cristo se realiza o sacrifício que ele instituiu na última ceia.

> **PRESIDENTE:** *Estando para ser entregue e abraçando livremente a paixão, ele tomou o pão, deu graças, e o partiu e deu a seus discípulos, dizendo: "Tomai, todos, e comei: isto é o meu corpo, que será entregue por vós". Do mesmo modo, ao fim da ceia, ele tomou o cálice em suas mãos, deu graças novamente e o deu a seus discípulos, dizendo: "Tomai, todos, e bebei: este é o cálice do meu sangue, o sangue da nova e eterna aliança, que será derramado por vós e por todos, para remissão dos pecados. Fazei isto em memória de mim".*

"Sob as espécies consagradas do pão e do vinho, Cristo mesmo, vivo e glorioso, está presente de maneira verdadeira, real e substancial, seu corpo e seu sangue, com sua alma e sua divindade."[8] Sua presença chega à plenitude na doação eucarística, mas já é real antes.

Participamos da Páscoa de Cristo fazendo *memória*, isto é, lembrando a Deus o sacrifício redentor de Cristo para que ele nos associe a esse acontecimento e renove a sua graça, por meio do gesto sacramental de comunhão no pão e no vinho. Quando a Igreja celebra a Eucaristia, rememora a Páscoa de Cristo (paixão, morte e ressurreição), e esta se torna presente em forma de ceia.[9]

Diante do memorial do sacrifício do Senhor, o ministro proclama:

> **PRESIDENTE:** *Eis o mistério da fé!*
>
> **TODOS:** *Anunciamos, Senhor, a vossa morte e proclamamos a vossa ressurreição. Vinde, Senhor Jesus!*

Pela fé, os sacramentos do corpo e do sangue do Senhor nos revelam e nos possibilitam participar do grandioso plano do Pai de salvar o mundo por meio do seu Filho, o qual foi levado a efeito com o sacrifício dele na cruz. São Paulo trata deste plano como a "misteriosa sabedoria de Deus, sabedoria escondida, que desde a eternidade Deus destinou para nossa glória. A nós Deus revelou esse mistério através do Espírito" (1Cor 2,7.10). Cada celebração eucarística clama pela volta gloriosa do Senhor para que a salvação já operante entre nós chegue à sua plenitude. "Vem, Senhor Jesus".

Depois, o Espírito Santo novamente é invocado para que transforme o povo que celebra (assembleia litúrgica) no corpo de Cristo. *Esta é a finalidade da Eucaristia, formar o corpo eclesial de Cristo.* Por isso, aclamamos: "Fazei de nós um só corpo e um só espírito!".

Se os grãos de trigo, embora muitos, formam o único pão; nós, sendo muitos, igualmente pela força do Espírito Santo, somos o corpo de Cristo. "O pão que partimos não é comunhão com o corpo de Cristo? Porque há um só pão, nós, embora muitos, somos um só corpo, pois todos participamos desse único pão" (1Cor 10,16b-17).

Segue *a anamnese*, pela qual, cumprindo a ordem recebida do Cristo através dos apóstolos, a Igreja faz memória da sua bem-aventurada Paixão, gloriosa Ressurreição e Ascensão aos céus.

Nas intercessões da prece eucarística, a Igreja une-se aos seus membros que já se encontram com o Pai, nossos irmãos falecidos, e invoca a Virgem Maria, São José, os apóstolos e os santos que nos precedem na glória.

Assim, a Igreja peregrina neste mundo e a Igreja gloriosa proclamam um só louvor ao Pai, por Cristo e na força do Espírito. A tensão em direção às últimas realidades suscitadas pela Eucaristia *exprime e consolida a comunhão com a Igreja celeste*. Unimo-nos à liturgia celeste, associando-nos àquela multidão imensa que grita: "A salvação pertence ao nosso Deus, que está sentado no trono, e ao Cordeiro" (Ap 7,10).

A *doxologia final*, ou glorificação da Trindade, se faz ao finalizar-se a Oração Eucarística:

> **PRESIDENTE:** *(eleva o pão e o vinho consagrados)* Por Cristo, com Cristo, em Cristo, a vós, Deus Pai todo-poderoso, na unidade do Espírito Santo, toda a honra e toda a glória, agora e para sempre.
>
> **TODOS:** *Amém.*

Cristo deu seu "sim" à vontade do Pai. "A Igreja responde fielmente o mesmo 'Amém' que Cristo, mediador entre Deus e os homens, pronunciou, de uma vez para sempre, ao derramar seu sangue, a fim de selar, com a força de Deus, a Nova Aliança no Espírito Santo."[10]

Por isso, respondemos com força e convicção o *Amém*, que é o nosso "sim" ao projeto salvador da Trindade, assim somos associados por Cristo ao seu sacrifício e apresentamos ao Pai as obras de nossa vida que diariamente realizamos sob a inspiração e força do Espírito Santo. Este é o nosso culto espiritual.

Dessa forma, nós, batizados, vivemos a Páscoa de Cristo cada vez mais real e plenamente; por isso, na Eucaristia dominical oferecemos o sacrifício de louvor de toda a nossa vida entregue ao Reino. Assim, passamos a compreender a frase paulina: "Completo, na minha carne, o que falta às tribulações de Cristo em favor do seu corpo que é a Igreja" (Cl 1,24).

Rito da comunhão

- Oração do Senhor
- Rito da paz
- Fração do pão
- Comunhão

Agora nos preparamos mais imediatamente para a comunhão com o Senhor. É o que pretendem os três momentos de preparação imediata: *o Pai-nosso, o gesto de paz* e a ação simbólica da *fração do pão*.

O abraço da paz revela que não podemos acudir à mesa de Cristo se não estamos com disposição de ânimo para comungar com o irmão. "Quando estiveres levando a tua oferenda ao altar e ali te lembrares que teu irmão tem algo contra ti, deixa a tua oferenda diante do altar e vai primeiro reconciliar-te com teu irmão. Só então, vai apresentar a tua oferenda" (Mt 5,23-24).

Por isso, pedimos a paz e a união para a Igreja (concretamente para esta assembleia reunida) e para toda a família humana. Somente assim poderemos celebrar a Eucaristia como sinal de unidade e vínculo de fraternidade. É o momento apropriado para que o povo manifeste a sua participação de forma alegre e fraterna.[11]

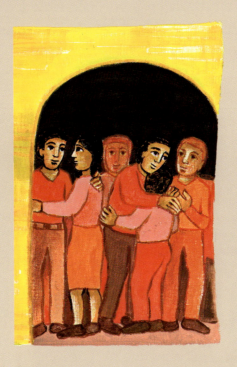

"O gesto da *fração do pão* realizado por Cristo na última ceia, que no tempo dos apóstolos deu o nome a toda a ação eucarística, significa que muitos fiéis, pela comunhão no único pão da vida, que é o Cristo, morto e ressuscitado pela salvação do mundo, formam um só corpo."[12]

Quando o sacerdote parte o pão na missa, manifesta o valor e a importância do sinal da *unidade* de todos em um só pão e da *caridade fraterna* pelo fato de um único pão ser repartido entre os irmãos. Quem come do pão que o Senhor reparte para nós, isto é, seu corpo e sangue, compromete-se a repartir seu pão, a sua vida, com os irmãos. O que significa assumir para si a mesma atitude de doação de vida que o Senhor teve conosco. Quem come o pão do Senhor e não partilha, come e bebe da própria condenação (cf. 1Cor 11,29). Os discípulos de Emaús contaram "como o tinham reconhecido ao partir o pão" (Lc 24,35).

Na procissão para a *comunhão*, vamos ao encontro de Cristo como uma comunidade de irmãos. O Cristo se faz nosso alimento para comunicar-nos sua própria vida, sua Nova Aliança.

A comunhão sacramental no sacrifício do Senhor é a maneira plena de o cristão participar da missa e alcançar a graça principal do sacramento: "Quem come a minha carne e bebe o meu sangue permanece em mim, e eu nele" (Jo 6,56). A comunhão é o ato de receber o sacramento do seu corpo entregue e de seu sangue derramado para que sejamos transformados naquilo que recebemos. É o ponto culminante da participação litúrgica.

A finalidade é construir a comunidade de fé, que assume a missão do Evangelho. Seu efeito fundamental é a comunhão de todos com Cristo e entre si, formando o corpo eclesial de Cristo. Uma vez que fomos alimentados por Cristo com o pão eucarístico, sejamos transformados por ele num só corpo. Assim, como dizia Santo Agostinho: "Seja o que vocês veem no altar e recebam o que de fato vocês são: corpo de Cristo" (Sermão 272).

"A comunhão realiza mais plenamente o seu aspecto de sinal quando sob as duas espécies. Sob esta forma se manifesta mais perfeitamente o sinal do banquete eucarístico e se exprime de modo mais claro a vontade divina de realizar a nova e eterna aliança no sangue do Senhor, assim como a relação entre o banquete eucarístico e o banquete escatológico no Reino do Pai."[13]

Para receber a comunhão, "o modo mais expressivo é o de estender a mão esquerda, bem aberta, fazendo com a direita, também estendida, 'como um trono' [...], para em seguida com a direita tomar o pão e comungar ali mesmo, antes de voltar a seu lugar. Não se 'pega' o pão oferecido com os dedos – à maneira de pinças –, mas deixa-se que o ministro o deposite dignamente na palma aberta da mão".[14]

Rito final

O *rito final* marcam o envio dos fiéis (do latim, *missio*: "missão", "envio") para que cumpram a vontade de Deus em sua vida cotidiana.[15] Somos enviados a viver esse amor trinitário junto a todos que creem e não creem. O encontro com o Senhor é transformador e libertador. Nunca ficamos indiferentes depois de sentir a sua presença. Ele nos concede o seu Espírito Consolador e nosso Advogado que nos acompanha, e, tal como uma fonte, alimenta as boas obras que devemos empreender no altar de nosso coração durante toda a semana.

A espiritualidade eucarística nos conduz para o exercício da gratuidade, do dom de si, assim como Cristo que não reteve nada para si e nos doou até o seu corpo e seu sangue: "Tomai e comei... tomai e bebei". Somos eucarísticos, na medida em que nos despojamos de nós mesmos, de nossos interesses particulares e somos capazes de amar sem limites; assim nos exercitamos na capacidade de perdoar, na disponibilidade do serviço e do compromisso responsável.

O Núcleo de Catequese Paulinas – NUCAP encarregou o Pe. Antonio Francisco Lelo de elaborar esta obra. Licenciado em Pedagogia e Filosofia, doutor em Liturgia pelo Instituto Superior de Liturgia da Catalunha (Espanha), é editor assistente na área de Liturgia e Catequese em Paulinas Editora.

Notas

1 CNBB. *Comunidade de comunidades: uma nova paróquia. A conversão pastoral da paróquia.* São Paulo: Paulinas, 2014. n. 56. Documentos CNBB n. 100.

2 *Instrução Geral sobre o Missal Romano.* 3. ed. São Paulo: Paulinas, 2007. n. 28.

3 *Instrução Geral do Missal Romano,* n. 46.

4 Elenco das Leituras da Missa, n. 46, In: *A mesa da Palavra I.* São Paulo: Paulinas, 2008. Cf. também *Instrução Geral sobre o Missal Romano,* n. 29.

5 Cf. *Instrução Geral sobre o Missal Romano,* n. 296.

6 Cf. *Instrução Geral sobre o Missal Romano,* n. 72.

7 Cf. *Catecismo da Igreja Católica,* nn. 1359-1360.

8 *Catecismo da Igreja Católica,* n. 1413.

9 *Catecismo da Igreja Católica,* n. 1364.

10 *Elenco das leituras da missa,* n. 6.

11 Cf. MELO, José Raimundo de. *A missa e suas partes:* para celebrar e viver a Eucaristia. São Paulo: Paulinas, 2011. p. 76.

12 *Instrução Geral do Missal Romano,* nn. 83 e 321.

13 *Instrução Geral do Missal Romano,* n. 281.

14 ALDAZÁBAL, José. *Gestos e símbolos.* São Paulo: Loyola, 2005. p. 127.

15 Cf. *Catecismo da Igreja Católica,* n. 1332.

Impresso na gráfica da
Pia Sociedade Filhas de São Paulo
Via Raposo Tavares, km 19,145
05577-300 - São Paulo, SP - Brasil - 2018